BORDIGHERA POETRY PRIZE 13

A Boat That Can Carry Two

by
Matthew M. Cariello

Una barca per due

traduzione di
Ambra Meda

BORDIGHERA PRESS

Library of Congress Control Number 2011914097 (softcover)
2011914100 (hardcover)

The Bordighera Poetry Prize
is made possible by a generous grant from
The Sonia Raiziss-Giop Charitable Foundation.

Cover art: "A Taxi in the Ocean" by Bruce C. Kennedy, 2011.
Cover design by Deborah Starewich.

Printed in the United States.

Published by
BORDIGHERA PRESS
John D. Calandra Italian American Institute
25 W. 43rd Street, 17th Floor
New York, NY 10036

BORDIGHERA POETRY PRIZE 12
ISBN 978-1-59954-030-6 (softcover)
ISBN 978-1-59954-029-0 (hardcover)

A Boat That Can Carry Two

Una barca per due

For Amy Elizabeth Cariello, 1968–1988

*I would like to acknowledge the love and encouragement of my family in undertaking this book: my wife, **Wendy Hesford,** my children, **Mia** and **Lou Fei,** and my parents, **Michael** and **Norma Jean Cariello.** Thank you all.*

Per Amy Elizabeth Cariello, 1968–1988

Voglio riconoscere l'affetto e l'incoraggiamento
della mia famiglia nello scrivere questo libro:
mia moglie, **Wendy Hesford,**
i miei figli, *Mia* e *Lou Fei,*
e i miei genitori, *Michael* e *Norma Jean Cariello.*
Grazie tutti quanti.

CONTENTS

INDICE

A BOAT THAT CAN CARRY TWO

The sun-blurred windowpane
first thing mornings.

There, a jay harangues the cat

with her cruel song. Here,
an empty room with one sagging chair,

and beside the chair, a face —
cheek smudged, indistinct chin:

ten years of dreams of your return.
Death lives now in my eye, watching,

stands on the corner as
the traffic slows to look.

When morning swarms over the earth,
somewhere far from thought

or mind or word, the stars
are little more than broken water

scattered in the sky. The cat's
been at the nest, but the jay

UNA BARCA PER DUE

Il vetro offuscato dal sole
la prima cosa al mattino.

Là, una ghiandaia tormenta il gatto

col suo canto crudele. Qui,
una stanza vuota con una sedia fatiscente,

e accanto alla sedia, un volto –
guancia sbavata, mento sfocato:

dieci anni di sogni su un tuo ritorno.
Ora la morte vive nel mio occhio, che guarda,

resta all'angolo mentre
il traffico rallenta per guardare.

Quando il mattino sciama sulla Terra,
in qualche luogo lontano dal pensiero

dalla mente o dalla parola, le stelle
sono poco più che gocce d'acqua

sparse nel cielo. Il gatto
è rimasto nel nido, ma la ghiandaia

still warns for hours at dawn,
abuses intruders, insists

there's still something there,

marks the periphery,
reconciles what's missing.

Shirts and shoes scattered
about the room, a hairbrush,

a comb, this ring, that bracelet,
a whole box of single earrings,

a necklace; a bowl of silver coins;
books, notebooks, letters,

the small things they entail,
stamps, pencils, erasers, pens;

photographs curling at the edges;
clocks and watches, musical instruments;

anything that touched the mouth.

allerta ancora per ore all'alba,
insulta gli intrusi, insiste

che ci sia ancora qualcosa,

traccia il confine,
si rassegna a ciò che è andato perso.

Camicie e scarpe sparse
per la stanza, una spazzola,

un pettine, questo anello, quel braccialetto,
un'intera scatola di orecchini spaiati,

una collana, una ciotola di monete d'argento;
libri, quaderni, lettere,

le piccole cose a cui essi rimandano,
francobolli, matite, gomme, penne;

fotografie dai bordi sgualciti;
orologi da muro e da polso, strumenti musicali;

tutto ciò che la bocca ha toccato.

And finally the photographs die,
curling at the edges, fading.

Nothing quite disappears.
Like the salt marsh at high tide,

or low, the geography remains,
though utterly transformed.

Each day, I die a little,
but not enough to change

the way the tide fills the breach,

not enough to bridge that gap,
not enough to finish it off.

Mornings we'd visit the neighbor's
orchard to scout apple trees

with wooden buckets and no ladders.
I'd climb and you would wait below

and catch whatever I dropped.

An apple turns from night to day
in your hand, and when it falls

E alla fine le fotografie svaniscono,
sgualcite ai bordi, si scolorano.

Nulla scompare del tutto.
Come la palude salmastra durante l'alta

o la bassa marea, la geografia rimane,
anche se del tutto trasformata.

Ogni giorno, muoio un po',
ma non abbastanza per cambiare

il modo in cui la marea colma lo squarcio,

non abbastanza per riempire il vuoto,
non abbastanza per annullarlo.

Le mattine in cui visitavamo il frutteto
del vicino per esplorare i meli

con secchi di legno e senza scale.
Mi arrampicavo mentre mi aspettavi di sotto

e prendevi ciò che lassciavo cadere.

Una mela si trasforma dalla notte al giorno
nella tua mano, e quando cade

it falls hard, doomed for scrap.
You'd laugh at the way they fell,

catch them carelessly,
shake leaves from your hair.

You'd laugh at the ways leaves fell:
that apple is perfectly round,

half green and red, in the Fall
that was already gone. It's cold.

You're jumping on the ground,
blowing on your hands.

I have been looking now so long

I sometimes can't see beyond
my hand, sticky with apple sap,

or the scar that runs along my wrist,
where the tree's thorn cut deep.

cade di peso, destinata a frantumarsi.
Ridevi per come sono cadute,

le prendevi con noncuranza,
ti scrollavi le foglie dai capelli.

Ridevi per come sono cadute le foglie:
quella mela è perfettamente rotonda,

metà verde e metà rossa, nell'autunno
che era già passato. Fa freddo.

Stai saltando per terra,
soffiando sulle tue mani.

Ho cercato così a lungo

a volte non riesco a vedere al di là
della mia mano, impiastricciata di mela,

o della cicatrice che corre lungo il mio polso,
dove la spina dell'albero ha tagliato in profondità.

Dream

At my feet are intelligible
furrows, like arrows or rivers

or waves. In the orchard, catching
apples before they strike the ground,

wrapping them in newspaper,
tossing them down the cellar-bin.

I roll to my side and recognize
my body's burden. I have not waked,

but dreamed my waking,
and rising to another sleep,

fall back to bed, dead weight.

You're not how I remember.
You stare at running water,

glare at a spoon's glitter,
open all the cabinets.

You're careful where you step,

Sogno

Ai miei piedi si vedono
solchi, come dardi o fiumi

o onde. Nel frutteto, a cogliere
le mele prima che colpiscano il suolo,

avvolgendole in carta di giornale,
per buttarle nel cassone in cantina.

Mi giro su un fianco e riconosco
il fardello del mio corpo. Non mi sono svegliato,

ma ho sognato il mio risveglio,
e sorgendo ad altro sonno,

ricado nel letto, a peso morto.

Non sei come ti ricordo.
Fissi l'acqua corrente,

ti incanti sul luccichio di un cucchiaio,
apri tutti gli armadi.

Stai attenta a dove metti i piedi,

and wander slowly about the house,
tipping vases, tilting pictures,

turning off lights at dusk.
After a few hours, I wonder why

you're here at all, then notice
how the day has not yet passed.

How strange to be that supple,
when I have become so brittle,

unable to slip below the sill,

back into black earth
beneath the puddles.

Look at this body, how
it floats with knowing more

than is useful in this house.
So lovely it's nearly

not there. Remember
that? Remember?

e vaghi lentamente per la casa,
rovesciando vasi, inclinando quadri,

spegnendo le luci all'imbrunire.
Dopo qualche ora, arrivo a chiedermi

perché tu sia qui, poi mi accorgo
di come il giorno non sia ancora passato.

Che strano essere così remissiva,
quando sono diventata così fragile,

incapace di nascondermi,

di tornare nella terra nera
sotto le pozzanghere.

Guarda questo corpo, come
galleggia più cosciente

di quanto serva in questa casa.
È così bella che quasi

non esiste. Ti ricordi?
Ricordi?

Dream

Splattered paint on my desk
and the house I was born in.

Counting slabs of slate, I walk
the block three times,

watch sunlight cross the alley,
sparrows among the bricks.

Hilltop door I entered

a thousand thousand times:
it glows as sleep crumples,

mutters over and over, forget.
I can't go in. I've come home.

Among the thorny branches
you took the swollen apples,

green and red and waxed with Fall.
My neck craned back, I sang

directions as you swung
and reached, and apples fell.

Sogno

Vernice schizzata sulla mia scrivania
e sulla casa dove sono nato.

Contando lastre d'ardesia, giro attorno
all'isolato per tre volte,

guardo la luce del sole attraversare il vicolo,
passeri tra i mattoni.

Ho varcato la porta in cima alla collina

migliaia e migliaia di volte:
si illumina mentre il sonno si dissolve

borbotta più e più volte, dimentico.
Non posso entrare. Sono venuto a casa.

Tra i rami spinosi
coglievi le mele mature,

verdi e rosse e lustre d'autunno.
Col collo piegato, ti guidavo

cantando, mentre ondeggiavi
e colpivi, e le mele cadevano.

Suppose we stayed that age that Fall,

and you rocked the branches constantly,
then rose above the blackened leaves

and took your last apple
while the tree was still full?

When I say bird, your intonations
move through my bones.

Now your hands are my hands,

your breathing my own,
and together in silence

we think *sunlight*.
But you turn inside of me.

Stone. We roll
in our limbs, entwined

in words, bound by mineral
veins of earth.

E se avessimo ancora l'età di quell'autunno,

e tu con tenace costanza scuotessi i rami,
poi scostassi le foglie annerite

e cogliessi la tua ultima mela
mentre l'albero è ancora colmo?

Quando mormoro "ali," il tono della tua voce
mi attraversa le ossa.

Ora le tue mani sono le mie mani,

il tuo respiro il mio,
e insieme in silenzio

pensiamo alla *luce del sole*.
Ma ti sei tramutata in me.

Pietra. Ci rotoliamo
nelle nostre membra, intrecciati

attraverso le parole, legati dalle venature
minerali della terra.

I found a black stone.
The gleam of sky shone

in its skin and skimmed
light from the waves.

I found a certain certainty

in the flat slope of sand,
in the stone in my pocket.

Then I threw it back.
I returned the stone

so I might return myself —
or watch it disappear forever.

There was nothing else there.

She was on a table in the middle.
It was like someone else's life.

They weren't my hands that traced
the curves of her quiet body,

and she was still warm on my palms.
Everything outside was still the same,

Ho trovato una pietra nera.
Il bagliore del cielo risplendeva

sulla sua superficie e si imbeveva
di luce dalle onde.

Ho trovato una certa certezza

nel declivio piano della sabbia,
nella pietra che ho in tasca.

Poi l'ho gettata via.
ho restituito quella pietra

così potrei tornare me stesso —
o guardarla scomparire per sempre.

Non c'era nient'altro lì.

Lei era su un tavolo al centro.
È stato come vivere la vita di qualcun altro.

Non erano mie le mani che ridisegnavano
le curve del suo corpo quieto,

e lei era ancora calda sotto i miei palmi.
Tutto all'esterno era identico,

horns blowing on the Turnpike.
Your father so calm, remembering

to turn here, watch out for this fork,
get in the right lane.

Spread feet, the blade of the shins,
knees that bear the face of dismay,

the loaves of the thighs, restless
hips and buttocks, soft belly

now collapsed into a sigh,
the cave of the ribs, saddened breasts

the small concavity just below the neck

the tender splay of the hands
now bent in repose. And avoiding

for now the face, quickly
sinking toward another sleep.

At the edge of the salt bay,
she is looking for creatures

il suono dei clacson sull'autostrada.
Tuo padre così calmo, ricordando

di svoltare qui, si concentra sul bivio,
si porta sulla corsia di destra.

Piedi divaricati, la lama degli stinchi,
ginocchia che hanno il volto dello sgomento,

la sodezza delle cosce, fianchi
e natiche nervosi, il ventre molle

ora sprofondato in un sospiro,
l'antro delle costole, i seni amareggiati

il piccolo incavo appena sotto il collo

la tenue strombatura delle mani
ore inclinate in segno di riposo. Ed evitando

per ora il volto, sprofondo
in fretta verso un altro sonno.

Sulla sponda della baia salata,
sta cercando animaletti

among the blackened rocks.
The woman is stepping carefully.

She is looking for the small lives

that hide in the tide pools.
She is stepping over the boulders,

carefully among the rounded,
blackened boulders. She bends

and stoops, brings it to her face,
tosses it away and walks on.

Pendulums of six clocks, steam heat,
crickets, dial tones, the moment before

music, snow on the window, water
draining among the rocks,

deep breathing soft in the ear,
teeth on apples, apples

falling through leaves to the ground,

a swinging censor, an oar in water,
water beneath the canoe,

tra le rocce annerite.
La donna sta camminando attentamente.

Sta cercando le piccole vite

che si nascondono nelle pozze di marea.
Sta camminando sulle rocce,

attentamente, tra le arrotondate,
annerite rocce. Si piega

e si china, se ne porta una al viso,
la getta via e prosegue.

Pendoli di sei orologi, il calore del vapore,
grilli, squilli a vuoto, l'attimo prima

musica, neve alla finestra, acqua
affiorante tra le rocce,

respiro profondo sommesso all'orecchio,
denti sulle mele, mele

che cadono a terra tra le foglie,

un intralcio alla corrente, un remo in acqua,
acqua sotto la canoa,

the key in the door,
the key in the clock.

In the one photo I always carry,
you're 8 or 9, no braces yet,

an adult hiding in your eyes.

(It's 1976, everything is about
remembering beginnings, pretending

to be patriots peering ahead
to the great American future,

inevitable, prosaic and flawless.)
You're smiling for posterity

with twelve years left to live.
As if I'm looking in a mirror.

This time you're 19, half drunk,
half dressed, smiling broadly

for someone I'll never meet.
Our mother looks at it and says

la chiave nella porta,
la chiave nell'orologio.

Nell'unica foto che porto sempre con me,
hai 8 o 9 anni, niente apparecchio ancora,

un'adulta si nasconde nei tuoi occhi.

(È il 1976, tutto è puntato
sul ricordo delle origini, fingendoci

patrioti che scrutano
il grande futuro americano,

inevitabile, prosaico e ineccepibile.)
Stai sorridendo per i posteri

con dodici anni ancora da vivere.
(Per me) è come guardare in uno specchio.

Questa volta hai 19 anni, mezza sbronza,
semisvestita, con un largo sorriso

rivolto a qualcuno che non incontrerò mai.
Nostra madre la guarda e dice:

"I don't know her, never met her,
wouldn't recognize her on the street."

She wonders why I keep it out.

For the simple recognitions in everyone
I see: girl at the window,

bookstore clerk, students, drivers,
and my own mirrored face each day.

Why do I feel as if my life
has been increased by two,

doubled, either doubled

or cut in half, cut down
the middle and one side

tossed away; or folded over
and increased? Your life

in me was made in secret
in our mother's womb.

I am not your twin, yet
we lie down together each night.

"Io non la conosco, non l'ho mai incontrata,
non la riconoscerei per strada."

Si chiede perché la conservi.

Per le evidenti somiglianze in chiunque
io veda: una ragazza alla finestra,

la commessa di una libreria, studenti, automobilisti,
e il mio stesso volto riflesso ogni giorno.

Perché mi sento come se la mia vita
fosse stata geminata,

raddoppiata, o raddoppiata

o tagliata a metà, tagliata
nel mezzo e per una parte

gettata via; o sovrapposta
e dilatata? La tua vita

dentro di me è stata creata in segreto
nel grembo di nostra madre.

Io non sono il tuo gemello, eppure
ci corichiamo insieme ogni notte.

Two days after you died I picked
all the black-eyed-susans in our

parent's garden to spread across
your coffin in a gesture

of unembroidered grief. I wanted

every lovely thing around me
to vanish, and to send them

to the crematorium with your body.
When we had to leave the chapel,

I shivered in anguish
at my own selfishness.

Each year the black-eyed-susans

multiply — by seed, by root,
by some invisible thread

that pulls them across the yard
and gives them purchase between

two grey boulders, or in the damp hollow
near the road, or somewhere deep

Due giorni dopo la tua morte ho preso
tutte le margherite gialle dal giardino

dei nostri genitori per spargerle
sulla tua bara in un gesto

sobrio di dolore. Volevo

che ogni cosa bella intorno a me
svanisse, e fosse mandata

al crematorio insieme al tuo corpo.
Quando abbiamo dovuto lasciare la cappella,

sono rabbrividito d'angoscia
per il mio egoismo.

Ogni anno le margherite gialle

si moltiplicano – attraverso i semi, le radici,
attraverso qualche filo invisibile

che le propaga per tutto il cortile
e dà loro un appiglio tra

due rocce grigie, o nella cavità umida
vicino alla strada, o in qualche spazio infossato

in the neighbor's field: a yellow
slash at the edge of the woods

in late July each year, blooming
to remind me what's missing.

Later, when they shed their petals,
the black-eyed-susans' black eyes

become thin bristles of coal
sprung from skeletal grey stems.

We can leave them as is all winter,

let them collect rain and snow,
break and bend in their own time,

cast seeds carelessly toward the lawn.
Or we can cut and bundle and carry

them to the weedy roadside, publicly
sowing what we've nurtured in private.

For years afterward, each night
when I stood before the mirror,

nel campo del vicino: uno squarcio
di giallo ai margini del bosco

ogni anno sul finire di luglio, fiorisce
per ricordarmi ciò che ho perso.

In seguito, quando si spogliano dei petali,
i pistilli neri delle margherite

diventano sottili villi di carbone
che spuntano da scheletrici steli grigi.

Possiamo lasciarli così tutto l'inverno,

lasciare che si intridano di pioggia e di neve,
si spezzino e si reclinino su di sé col loro ritmo,

che spargano con noncuranza semi per il prato.
Oppure possiamo tagliarli e radunarli e portarli

accanto all'erbaccia sul ciglio della strada, seminando
in pubblico ciò che privatamente abbiamo coltivato.

Per gli anni seguenti, ogni notte
quando stavo davanti allo specchio,

toothbrush in hand, I thought
of waiting for you in the funeral

home parking lot, car running,
heater, lights and wipers on,

while you comforted another
young woman who'd lost her father.

Each night, this memory —

unwished for, unwanted —
made me weep with contentment.

I had been looking for them so long
that when the first black leaf emerged

stunned from the mud, I was amazed

that anything had survived winter.
The next day, a hundred,

then a thousand, then thousands
beyond counting. The first astonished

stems heaved themselves out.
Soon they were a foot tall.

spazzolino in mano, pensavo
di aspettarti nel parcheggio

delle pompe funebri, auto in moto,
riscaldamento, luci e tergicristalli accesi,

mentre davi conforto a un'altra
giovane donna che aveva perso il padre.

Ogni notte, questo ricordo –

insperato, indesiderato –
mi ha fatto piangere di gioia.

Li ho attesi così a lungo
che quando la prima foglia scura è emersa

confusa dal fango, ero sorpreso

che qualcosa fosse sopravvissuto all'inverno.
Il giorno dopo, cento,

poi mille, poi migliaia
incalcolabili. I primi attoniti

steli si erano sollevati.
Presto erano alti un piede.

I stopped looking and saw them.
Small suns filled with nothing.

I found your shoe nestled
in the grime at the edge

of Route 27, Edison, New Jersey.
I had not been looking for it

that afternoon three months
since you had died on that corner.

I had not been looking for it —
just waiting and wanting to be there

as the traffic slowed to look.

How vain of me to pretend your pain.
What a shock to find you there.

There's still something there,
on the corner where you died

balanced at the curb's edge,
half tilting toward the persistent

Ho smesso di aspettarli e li ho visti.
Piccoli soli pieni di nulla.

Ho trovato la tua scarpa immersa
nella sporcizia sul ciglio

della Route 27, ad Edison, nel New Jersey.
Non la stavo cercando

quel pomeriggio tre mesi
dopo che eri morta su quella curva.

Non la stavo cercando —
solo aspettavo e aspettavo di essere lì

mentre il traffico rallentava per guardare.

Che presuntuoso a voler capire il tuo dolore.
Che shock trovarti lì.

C'è ancora qualcosa,
sulla curva in cui sei morta

in equilibrio sul bordo della banchina,
mezzo inclinato verso il traffico

traffic, half sinking to the sewer.
Something about the fragmented sky

over New Jersey, the cloud-broken
stretches of nothing above,

the etched lines around the mouth.
Something about how that morning

you passed me without a sound.

I know I'll follow. But what flung
you out ahead of me, deep into

the long season of forgetting,
far past the ripening fruit

and scattered leaves? You crossed
a river so wide and deep and fast

it's more like an ocean,
and that crossing was harsh and cruel.

You stayed that age that Fall,

and left me to gather this fruit,
green and bitter and cold.

incessante, mezzo affondato nell'impluvio.
Qualcosa intorno al cielo a brandelli

sopra il New Jersey, ai tratti di nubi
straziate lassù nel nulla,

alle linee incise intorno alla bocca.
Qualcosa su come quella mattina

mi hai oltrepassato senza una parola.

So che ti seguirò. Ma cosa ti ha scagliata
davanti a me, negli abissi della

la lunga stagione dell'oblio,
nel remoto passato della maturazione dei frutti

e delle foglie sparse? Hai attraversato
un fiume così largo e profondo e veloce

che è più simile a un oceano,
e che è stato arduo e crudele attraversare.

Sei rimasta all'età di quell'autunno,

e hai lasciato me a cogliere questo frutto,
verde e amaro e freddo.

Name for me the names. Name
the broad waters of this river.

Name the way the tide fills
the broken shallows, name

the way it suffers the breach.

Name the wings that fly,
the boat that rows. Name

the arms that beat against
the current, the arms that

slacken within it, the arms
holding on, arms letting go.

Once I worked miles from home

and drove each day on small
winding roads past fields

of strawberries, soybeans and corn.
Every morning, at the edges

of that incessant verdure,
lay corpses of animals small

Nomina per me i nomi. Nomina
le vaste acque di questo fiume.

Nomina il modo in cui la marea riempie
le secche frastagliate, nomina

il modo in cui esse subiscono l'irruzione.

Nomina le ali che volano,
la barca che rema. Nomina

le braccia che sbattono contro
la corrente, le braccia che

cedono al suo interno, le braccia
che resistono, le braccia che si lasciano andare.

Una volta ho lavorato a miglia da casa

e ho guidato ogni giorno su piccole
strade tortuose davanti a campi

di fragole, soia e mais.
Ogni mattina, ai bordi

di quell'incessante verzura,
giacevano cadaveri di animali piccoli

and large: raccoon and deer,
possum and dog and hen.

I slowed for nothing, just me
and the dead rattle of my car.

Ignatow is dead, but what's
the tragedy? He lived long enough

and was ready to go. Ten years

before, I sat in his kitchen
and asked serious questions.

He stood by the window, watching
the trees turn toward Fall.

"I'm looking forward to it,"
he said, and handed me a cup

of bad black coffee. Behind him
as he faced me trees shook.

Serafina lay in the coffin,
blue in the lips. I was twelve.

e grandi: procioni e cervi,
opossum e cani e galline.

Nulla mi faceva rallentare, soltanto io
e il morto rantolo della mia macchina.

Ignatow è morto, ma qual è
la tragedia? Ha vissuto abbastanza

ed era pronto ad andarsene. Dieci anni

prima, sedevo nella sua cucina
e gli porgevo domande impegnative.

Si alzò in piedi vicino alla finestra, a guardare
gli alberi incamminarsi verso l'autunno.

"Non vedo l'ora"
disse, e mi porse una tazza

di sgradevole caffè nero. Dietro di lui
mentre mi stava di fronte gli alberi vacillavano.

Serafina giaceva nella bara,
con le labbra blu. Avevo dodici anni.

Then Pasquale ten years later.
Norman was gone long before

his heart quit, wandering those
last five years of life in silence.

Kathryn was the strongest, still
pissed off at 92. Yet she wished

to die in your place, prayed

to be taken away from life
while still strong and willing.

Manilla envelopes, snow
on a pine branch, bricks

in sunlight, the river in the rain,
sand in the rain, the skin of the ear,

navels, apples, shoelaces, sunlight

through windows, frost on windows,
curling smoke, wine in a glass,

a chipped tooth, chainlink fences,
black-eyed-susans, manhole covers,

Poi Pasquale dieci anni dopo.
Norman se n'era andato molto prima

che il suo cuore si fermasse, vagando per quegli
ultimi cinque anni di vita in silenzio.

Kathryn era la più forte, ancora
incazzata a 92 anni. Eppure avrebbe voluto

morire al tuo posto, pregava

di venire sottratta alla vita
quand'era ancora forte e attiva.

Buste di carta, neve
su un ramo di pino, mattoni

alla luce del sole, il fiume sotto la pioggia,
sabbia sotto la pioggia, la pelle dell'orecchio,

ombelichi, mele, lacci di scarpa, luce del sole

attraverso le finestre, gelo sulle finestre,
spirale di fumo, vino in un bicchiere,

un dente scheggiato, recinzioni di filospinato,
margherite gialle, chiusini,

blue sky, burnt ochre, leaf green,
grey cloud, red sun, yellow sun, red moon.

Tomorrow I turn 42, almost
exactly forty years older

than my daughter. Sometimes
she stands in the crib before

she even wakes, faces the wall
and cries inconsolable tears.

Before I come to her, I watch

for a just moment, try to imagine
what she knows in that long

interval between rising and
opening her eyes and seeing me.

Each night at ten it came again,
the same train, but different

than the one before or before.

cielo blu, ocra bruciata, foglia verde,
nuvola grigia, sole rosso, sole giallo, luna rossa.

Domani compio 42 anni, quasi
esattamente quarant'anni in più

di mia figlia. A volte
sta in piedi nel lettino prima

di svegliarsi, rivolta verso il muro
e piange lacrime inconsolabili.

Prima di andare da lei, la guardo

un istante solo, provo a immaginare
quello che pensa nel lungo

intervallo tra il risveglio e
il momento in cui apre gli occhi e mi vede.

Ogni sera alle dieci ritorna,
lo stesso treno, ma diverso

da quello precedente o da quello prima ancora.

Awake, I'd lie and listen
to the steady horn receding

and worry the many miles,
the many miles home. Awake,

I'd hear the steady three-part
strum of crickets, try to imagine

all those small lives, those
faces racketing home all night.

My small boat has been moored
for twelve years to this door.

While everything else around grows —
the red maple, grass, one small rose

planted one wet spring — the boat
itself is motionless, nothing more

than a bucket for the rain, or worse,

a sieve in which catch leaves, moss,
broken sticks and discarded apples.

And why not? Let it fill with rot,
crumble slowly, fertilize the dirt.

Sveglio, vorrei stare disteso e ascoltare
il suono costante del clacson che si attenua,

e preoccuparmi delle molte miglia,
le molte miglia verso casa. Sveglio,

sentivo lo strimpellio costante
tripartito dei grilli, provare a immaginare

tutte quelle piccole vite, quelle
facce che strepitano per la casa tutta la notte.

La mia piccola barca è rimasta ormeggiata
per dodici anni a questa porta.

Mentre tutto il resto attorno cresce –
l'acero rosso, l'erba, una piccola rosa

piantata in una primavera piovosa – la barca
è immobile, non è

che un secchio per la pioggia, o peggio,

un setaccio in cui ammassare foglie, muschio,
sterpi spezzati e mele di scarto.

E perché no? Lascio che si riempia di muffa,
si sgretoli lentamente, fertilizzi la terra.

At the brown river's slow edge,

thick in the weeds, wedged
in black mud, the waterlogged

boat lingers. I should lean
across the water, stretch

my arms to embrace the rotted
boards. I should send my body

outward to catch the small
ripples. But I'm afraid to enter

that boat, afraid to fall, afraid
of the nod and stare of my own face.

The four-lane road is lined
on either side with strip

malls, warehouses, diners —
those squat New Jersey buildings

built with brick, wood, steel,
that encroach upon the road,

crowd the edges of the curbs,
seem to want to spill across

Sulla placida sponda del fiume torbido,

invischiata fra le erbacce, impelagata
nel fango scuro, la fradicia

barca indugia. Dovrei allungarmi
sull'acqua, distendere

le braccia e cingere le sue assi
putride. Dovrei protendere il mio corpo

verso l'esterno a catturare le piccole
increspature. Ma ho paura di salire su

quella barca, paura di cadere, paura
dello scatto e dello sguardo del mio stesso volto.

La strada a quattro corsie è costeggiata
su entrambi i lati da centri

commerciali, magazzini, trattorie —
quegli edifici tozzi del New Jersey

costruiti in mattoni, legno, acciaio,
che invadano le strade,

affollano i bordi delle banchine,
sembrano volersi arrovesciare

each intersection, fall and crash.

I drive slowly, eyes on the road,
watching the way the edges blur.

Where these streets meet,
the pavement is painted

with black swirls that swim and
twist, swerve with the intricate

turnings of perfect wheels
as they adhere to the asphalt,

as if someone had spent a life

spinning in place. How do I break
my panic among all this death?

See those skids? They are lovely
in ways I never imagined.

Lilac soap, sandalwood, beer
the next day poured down the sink,

su ogni incrocio, cadere e schiantarsi.

Guido lentamente, gli occhi sulla strada,
osservando come i bordi si sfochino.

Nel punto in cui queste strade si incontrano,
il manto è segnato

da turbinii di nero che nuotano e
serpeggiano, sterzano con le intricate

deviazioni di ruote perfette
mentre aderiscono all'asfalto,

come se qualcuno avesse passato una vita

girando su se stessi. Come posso sedare
il mio panico in mezzo tutta questa morte?

Vedi quelle sgommate? Sono affascinanti
in modi che non avrei mai immaginato.

Sapone di lillà, legno di sandalo, birra
del giorno dopo versata nel lavandino,

coffee beans, shaving cream,
the pillow after a few days,

shoe polish, waxed floors,
the air let out of a tire,

steam heat, melting snow, rotting

leaves, marijuana, lavender, pumpkin,
cigarettes, dry cleaners, the bus,

the Somerset Diner, a new book,
money, shoes, ink, dirt, stone.

The boat is sunken, ruined
beyond recognition. Small

fish swim there, and all
signs of life have seeped

away into the mud beside.
I stretch myself across

the moving glass as if hung
up on the indifferent red sky.

The water itself is a lens

chicchi di caffè, crema da barba,
il cuscino dopo qualche giorno,

lucido da scarpe, pavimenti tirati a cera,
l'aria fuoriuscita da un pneumatico,

calore di vapore, neve che si scioglie, foglie

in decomposizione, marijuana, lavanda, zucca,
sigarette, lavanderie, l'autobus,

la trattoria Somerset, un libro nuovo,
soldi, scarpe, inchiostro, sporco, pietra.

La barca è affondata, sfasciata
irriconoscibile. Piccoli

pesci ci nuotano dentro, e tutti
i segni di vita sono colati

via nel fango limitrofo.
Mi distendo lungo

il vetro in movimento, come fossi assorto
nell'apatico cielo rosso.

L'acqua stessa è una lente

that refracts above and beneath.
Both move with counterfeit life.

We came too late that season.

Most of the apples had already
Fallen, and lay clustered beneath

the drooping branches, already
half-rotted, or wholly, golden

and ductile. The sweet redolence
of late October heat. We saw

what we had missed, admired
the total loss, wondered aloud

at the fecund beauty of it all,
ignored the few apples left above.

As near as I can figure,
at the moment you died I

was walking through a door
or crossing a street or stepping

che lo rifrange sopra e sotto.
Entrambi si muovono di vita contraffatta.

Siamo arrivati troppo tardi quella stagione.

Quasi tutte le mele erano già
cadute, e giacevano raggruppate sotto

i rami ricurvi, già
marce per metà, o per intero, dorate

e duttili. La dolce fragranza
del tepore di fine ottobre. Abbiamo visto

ciò che ci eravamo persi, contemplata
quella perdita assoluta, pensato ad alta voce

alla feconda bellezza di tutto ciò,
ignorato le poche mele rimaste appese.

Per quello che ricordo,
nel momento in cui sei morta

stavo oltrepassando una porta
o attraversando una strada o salendo

up some stairs: ordinary acts,
insignificant until now.

What kept me from knowing, an ocean

away, the life of your pain?
What keeps me crossing the water

year after year pulling my small oars
constantly against that current?

At the end of each July every
year just before the black-eyed-

susans bloom and each day's weight

sinks at night in sweltering
sleep, I grow weary and annoyed.

Distracted by small things –
dead moths in the porch light,

lost keys, crickets, weeds –
I ignore the gathering light

that hovers half a body's
length above the ground.

delle scale: azioni ordinarie,
fino allora insignificanti.

Cosa mi impediva di conoscere, a un oceano

di distanza, l'esistenza del tuo dolore?
Cosa mi impedisce di attraversare l'acqua

anno dopo anno, trascinando i miei piccoli remi
con costanza contro la corrente?

Alla fine di ogni luglio ogni
anno appena prima che le margherite

gialle fioriscano e il peso di ogni giorno

affondi di notte in un torrido
sonno, divento più fiacco e irritato.

Distratto da piccole cose —
falene morte nella lanterna del portico,

chiavi smarrite, grilli, erbacce —
ignoro la luce crescente

che proietta tremolante metà del
del mio corpo sul suolo.

May I please stop longing

for that long hard passage
across the churning ocean,

for the wind to heave my sail,
for arms to haul the oars

with a strength that's deep
as the sea that surrounds me?

Can any current possibly
restore my lost vessel?

In spite of everything,
my body will turn to dust.

after Li Po

We live our lives on the water, alone,
until we die and come home.

One short trip across the river,
then countless generations follow.

The water has nothing to say.
The boat collapses on the shore.

Posso fermare la nostalgia

di quel lungo difficile passaggio
attraverso l'oceano agitato,

del vento per issare la mia vela,
delle braccia per tirare i remi

con una forza che è profonda
come il mare che mi circonda?

Può una qualsiasi corrente
restituirmi il mio vascello perduto?

Nonostante tutto,
il mio corpo tornerà polvere.

dopo Li Po

Viviamo le nostre vite in acqua, da soli,
finché non moriamo e ritorniamo a casa.

Un fugace viaggio sul fiume,
poi a seguire innumerevoli generazioni.

L'acqua non ha nulla da dire.
La barca si sfascia sulla riva.

Our bones lie in relieved silence
as the apple tree leans toward spring.

Writing this, I sigh.
I grieve for you, I grieve for me.

This life is less than mist.

Tonight the sun sets over
meadowlands. We're riding the air

out of Newark in a small plane,
flying north, following the Hudson,

the river that flows two ways.

I think of your ashes lying still
in a marble crypt miles west.

After struggling for hours, somewhere
over Hoboken my small daughter

finally falls asleep, her long
journey home barely begun.

Le nostre ossa giacciono in silenzio confortante
mentre il melo si protende alla primavera.

Scrivendo ciò, sospiro.
Mi affliggo per te, mi affliggo per me.

Questa vita non è che foschia.

Stasera il sole tramonta sui
campi d'erba. Stiamo cavalcando l'aria

fuori da Newark su un piccolo aereo,
che vola verso nord, seguendo l'Hudson,

il fiume che scorre in due direzioni.

Penso alle tue ceneri che giacciono ancora
in una cripta di marmo a miglia più ad ovest.

Dopo essersi dimenata per ore, da qualche parte
sopra Hoboken la mia bambina

alla fine si addormenta, il suo lungo
viaggio verso casa è appena cominciato.

My life is something other
than my own, I like to think,

something larger than my small
griefs and hatreds, spoken or

silenced. I think of it as vast,

not just the boat but the river
itself, and the river flows

two ways, so that in taking
from others I also return.

Think of the river considering me:
how strange to be that still.

after David Ignatow

I would like to be that river.

Touching the bank, I am mud.
Meeting the bridge, I become

a thing to be crossed. As I
pass cities, they increase

Una barca per due

La mia vita è qualcos'altro che
mia, mi piace immaginarla

più grande dei miei piccoli
dolori e livori, espressi o

non detti. La immagino enorme,

non solo la barca ma il fiume
stesso, e il fiume scorre

in due direzioni, sicché nel prender
da altri io possa ricambiare.

Immagina il fiume come fosse me
che strano essere così statico.

dopo David Ignatow

Vorrei essere quel fiume.

Toccando la sponda, sono fango.
Incontrando il ponte, divento

una cosa da attraversare. Mentre
oltrepasso le città, esse accrescono

my flow with their detritus.
As I near the ocean, the tide

rises to meet me, and I join
the tide and become the ocean.

I accept each change.
I am the fish within me.

I would like to be that river,
coming and going equally at ease.

But for every eight miles I move
forward, the tide returns seven

and a half in harsh counterpoint:

when one loss is measured, at
the edge of the salt line appears

another imminent destruction,
so that moving forward presupposes

unforeseen disasters. And this
ought to satisfy me, calm my fears?

il mio flusso coi loro detriti.
Mentre mi avvicino all'oceano, la marea

sale per incontrarmi, e mi unisco
alla marea e divento l'oceano.

Accetto ogni cambiamento.
Sono il pesce dentro di me.

Vorrei essere quel fiume,
andare e venire con uguale scioltezza.

Ma per ogni otto miglia che avanzo,
la marea me ne restituisce sette

e mezza in un severo contrappunto:

quando uno scarto è proporzionato,
sull'orizzonte salato appare

un'altra imminente distruzione,
così che l'andare avanti presuppone

impreviste catastrofi. E questo
dovrebbe soddisfarmi, calmare le mie paure?

Ignatow is sitting alone
in his room a month before death,

stacks of unfinished poems
surrounding his desk. Methodically,

without too much thought, he pulls
a sheet of paper from the top

of the stack on his right,
(May, 1973) reads it slowly,

makes three marks, or two,
places it on the stack to his left.

So much happens in this simple gesture.

Each day some part of me
rises in an empty house

surrounded by an orchard
at the top of a steep hill.

I go down the hill to town,
where the stores are quiet

though well-stocked and clean.
I walk the aisles all day

Ignatow è seduto da solo
nella sua stanza un mese prima di morire,

pile di poesie non finite
attorno alla sua scrivania. Sistematicamente,

senza troppo pensare, estrae
un foglio dalla cima

della pila di destra,
(Maggio 1973) legge lentamente,

fa tre segni, o due,
lo ripone sulla pila di sinistra.

C'è così tanto in questo semplice gesto.

Ogni giorno una parte di me
si sveglia in una casa vuota

circondata da un frutteto
in cima a una collina scoscesa.

Dalla collina scendo in città,
dove i negozi sono mediocri

anche se ben forniti e tersi.
Ne percorro le corsie per tutto il giorno

then return back up the hill,
my hands neither full nor empty.

The boat beside the door hasn't moved.

I wake early, before dawn
to the sound of waves

lapping at the bow.
The night isn't over, they say,

go back to sleep, stay awake

to the small voices that live
nearly starving, nearly freezing

in the blank day's near-light.
These voices know my other name,

the one carved in small letters
long ago on the prow.

Neither have I wings

poi torno indietro su per la collina,
(con) le mani né piene né vuote.

La barca accanto alla porta non si è mossa.

Mi sveglio presto, prima dell'alba
al suono delle onde

che s'infrangono a prua.
La notte non è finita, dicono,

torna a dormire, mi tengono sveglio

le piccole voci che vivono
sfiornado la morte e il congelamento

nella pallida imminente luce del giorno.
Queste voci conoscono l'altro mio nome,

quello scolpito a piccole lettere
sulla prua tanto tempo fa.

Né ho le ali

nor the will to cross
completely while alive.

I live on one shore,
my small boat tethered,

its short rope stretched
by the current, always

almost breaking, always
just strong enough. Home:

from it I see your hand
beckoning on the distant shore.

I sleep when my daughter sleeps,
and wake when she wakes.

This afternoon, I lay exhausted

after returning from another
funeral for someone too young

to die. The walls between
our rooms are thin. I'm dreaming

of the ocean and breaking waves
when her tuneless voice slips in:

né la volontà di traghettarmi
completamente mentre sono in vita.

Vivo su una sponda,
la mia piccola barca legata,

la sua breve corda tesa
dalla corrente, sempre

sul punto di rompersi, sempre
abbastanza resistente. Casa:

da lì vedo la tua mano
fare cenno sulla riva lontana.

Dormo quando mia figlia dorme,
e mi sveglio quando si sveglia.

Questo pomeriggio, giacevo esausto

dopo essere tornato da un altro
funerale di qualcuno troppo giovane

per morire. I muri tra
le nostre stanze sono sottili. Sto sognando

l'oceano e le onde che si infrangono
quando s'intromette la sua voce stonata:

row boat row row gently stream
many many many life about a dream.

There is a silence at
the edge of a song. There

is a blank space at the lip
of the canvas. Before each

wind there is stillness.
I have learned to mark

the periphery of having

and not having, and learned
nothing more other than

there is nothing more.
Not this, not this, not that.

Not this. Even the loss
isn't there, or is there

like my shadow, contingent
on my being there. So

rema barca rema rema lievemente la corrente
molta molta molta la vita in un sogno.

C'è un silenzio al
termine di una canzone. C'è

uno spazio vuoto sull'orlo
della tela. Prima di ogni

folata di vento c'è quiete.
Ho imparato a segnare

il confine tra l'avere

e il non avere, e ho imparato
null'altro se non che

non v'è altro.
Non questo, non questo, non quello.

Non questo. Anche la perdita
non esiste, oppure esiste

come la mia ombra, subordinata
al mio essere lì. Così

I mutter to myself much
the way the dogs growl

at their food, or children
cry at imagined pain,

yet knowing that everything is

as it is, and these words
change only this page.

Your hands are my hands,
and the ring our father

gave you sits small and bright
on my little finger, one

token of your life I keep
to remind me daily of what's

not there. Which is to say that

death is where it lives,
even though the ring

circles my finger in two
interwoven golden braids.

mormoro tra me pressapoco
come i cani ringhiano

al cibo, o i bambini
piangono immaginando il dolore,

pur sapendo che tutto è

come è, e queste parole
cambiano solo questa pagina.

Le tue mani sono le mie mani,
e l'anello che nostro padre

ti ha dato giace piccolo e luminoso
sul mio dito mignolo, un

segno della tua vita che conservo
per ricordarmi ogni giorno di ciò che

non c'è più. Vale a dire che

la morte è dove la si vive,
sebbene l'anello

cerchi il mio dito in due
trecce intrecciate d'oro.

The ring is broken, its
gold bands split and cracked,

its mineral sheen scratched,
abraded by hard use. I've worn

it too long on the last
finger of my left hand,

beside the wedding band –

also gold, also bent past round.
If each finger held a ring,

each ring would be bowed
with the pressure of the oars.

For eleven years I wore
that small ring daily, doing

daily tasks, working,
washing, arguing continuously

with myself, until one day
it cracked and split

from simple fatigue. Now
there's a tiny sharp edge

L'anello è rotto, le sue
fasce d'oro spezzate e crepate,

la sua minerale lucentezza graffiata,
abrasa dall'assiduo utilizzo. L'ho indossato

troppo a lungo sull'ultimo
dito della mano sinistra,

accanto alla fede nuziale –

anch'essa d'oro, anch'essa sformata.
Se ogni dito portasse un anello,

ogni anello verrebbe inarcato
dalla pressione dei remi.

Per undici anni ho indossato
quel piccolo anello quotidianamente, svolgendo

faccende quotidiane, lavorando,
lavando, in continuo conflitto

con me stesso, finché un giorno
si è crepato e spezzato

per logoramento naturale. Ora
c'è un piccolo bordo tagliente

where once was smooth,

and my finger aches with
a hundred small wounds.

Interwoven braids, each
gold: one life and one,

yet something other than
my own. I walk up and down,

head bent toward the earth,
toward the water, toward

the children in the apple tree.

I circle this small plot
of ground trampling leaves

until the path wears
the sun's bright burnish.

dove un tempo era liscio,

e il mio dito patisce
un centinaio di piccole ferite.

Trecce intrecciate, ciascuna
d'oro: una vita e un'altra,

eppure qualcos'altro che
mia. Cammino su e giù,

la testa inclinata verso la terra,
verso l'acqua, verso

i bambini sul melo.

Circondo questo piccolo pezzo
di terra calpestando le foglie

fin quando il percorso si ammanta
del lucente splendore del sole.

Dream

In the dream before:
shoeless, wandering

from the orchard, lost
in trees of children,

the river turns muddy —
this is the way you had gone.

The ocean is miles away.
Knowing I'll follow,

but not knowing when,

I walk upstream gathering
stones for the journey.

But not knowing when
the mineral veins,

the golden braids,
will come around again,

not knowing if when
I step from the curb

Sogno

Nel sogno precedente:
senza scarpe, allontanandomi

dal frutteto, perduto
fra alberi di bambini,

il fiume diventa fangoso –
questo è il modo in cui te ne sei andata.

L'oceano è a miglia di distanza.
Sapendo che ti seguirò,

ma non sapendo quando,

cammino controcorrente raccoglinedo
pietre per il viaggio.

Ma senza sapere quando
le venature minerali,

le trecce d'oro,
verranno di nuovo,

senza sapere se quando
oltrepasso la banchina

that step will fall

from a height greater than
the breadth of my river,

greater than the draw
of my one small boat.

At the edge of the river that runs
beside the playground,

a crabapple tree bends low.
My daughter and I have crossed

the water to fly our kite, but the day
is too still, so we sit in the silent shadow.

And then she sees them, small

and green, and already seems
to know what they're for, picks a few

to toss in the river. *Lift me,*
she says, higher, I want them all.

quel passo sprofonderà

da un'altezza superiore
all'ampiezza del mio fiume,

superiore alla trazione
della mia unica piccola barca.

Sulla sponda del fiume che scorre
accanto al parco giochi,

un melo selvatico si flette verso terra.
Mia figlia ed io abbiamo attraversato

l'acqua per librare l'aquilone, ma il giorno
è troppo fermo, e ci sediamo nell'ombra muta.

E allora le vede, piccole

e verdi, e sembra già
sapere a cosa servano, ne raccoglie un po'

per gettarle nel fiume. *Alzami,*
dice, più alto, le voglio tutte.

PART 2: AN INTERSECTION IN NANNING

An Intersection in Nanning

for Wendy, Mia and Lou Fei

Signs in another language,
atlases of longing,
we waited on the corner,
morning heavy in the air,
sleep-deprived, hungry,
increased suddenly
by one-third to whom
everything was new,
morning, the signs,
the sound of traffic,
this face and this and
every other on the street,
everything odd and worn,
in palpable motion,
each car slightly
strange, every bus
and truck shrunk
to fit the streets,
black bicycles, small
battered motorcycles
lofting azure smoke
through the foreign
green-leafed trees painted
from ground to the height

PARTE 2: UN INCROCIO A NANNING

Un incrocio a Nanning

per Wendy, Mia e Fei Lou

Segni in un'altra lingua,
atlanti di nostalgia,
abbiamo aspettato sull'angolo,
mattina dall'aria pesante,
privati del sonno, affamati,
improvvisamente aumentati
di un terzo a cui
tutto era nuovo,
mattina, i segni,
i rumori del traffico,
questo volto e questo ed
ogni altro sulla strada,
tutto quanto insolito e logoro,
in moto concreto,
ogni vettura vagamente
strana, ogni autobus
e camion ristretto
per adattarsi alle strade,
biciclette nere, piccoli
motocicli malconci
che liberano fumo azzurro
fra gli esotici
alberi fogliati di verde verniciati
di bianco da terra fino

of an arm's reach white,
storefronts that same
off-blue that graced
the swimming pool
we wouldn't swim in,
and the women within them
streaming to the sidewalk
as we passed, saying
in both their language
and ours *Beautiful child,*
big eyes, and holding she
who let them without
protest, saying *Where*
are her shoes and
beautiful eyes, having
no words to stop them,
we staggered at
the movement from
all corners at once,
moving at a staggered
pace among the
unfamiliar city.
Water buffalo grazing
by the gas pumps,
banana trees, gum trees
straight and tall and
painted white along
the road's edge,
the long straight road
from the airport to
the city, long and flat

ad altezza di braccia,
vetrine dello stesso
blu spento che guarniva
la piscina in cui
non volevamo nuotare,
e le donne al loro interno
passeggiavano sul marciapiede
mentre passavamo, dicendo
nella loro lingua
e nella nostra: *Bella bambina,*
occhi grandi, e trattenendo la piccola
che le lasciava fare senza
protestare, dice *Dove*
sono le sue scarpe e
che bellissimi occhi, non avendo
parole per fermarle,
abbiamo sincopato
il movimento in
ogni direzione
muovendoci a passo
alterno tra la
città sconosciuta.
Bufalo indiano che pascola
fra le pompe di benzina,
banani, eucalipti
dritti e alti e
verniciati di bianco lungo
il ciglio della strada,
la lunga strada diritta
fra l'aeroporto e la
la città, lunga e piana

without a bend. In
the bus after the
third landing, after
flying into tomorrow
over Siberia,
the antipodal world,
flattened and
straightened: half-
built houses, piles
of brick rubble,
clay tiles piled high
and toppling, everywhere
the smudge of smoke
in the air, burning
scraps in barrels
by the roadside we
could only watch and be
watched, thirty white
faces on the road
to Nanning.
Why are we here?
Buildings half built
or half demolished,
bricks stacked or
scattered around
the yard we wander
looking to make and
unmake ourselves,
or make again an image
we might hold up
and say *Now go, be*

senza una curva. Sopra
l'autobus dopo il
terzo atterraggio, dopo
aver volato nel domani
sopra la Siberia,
il mondo agli antipodi,
appiattito e
raddrizzato: case
mezze costruite, cumuli
di laterizi in frantumi,
tegole di creta accumulate
e rovesciate, ovunque
nell'aria la sbavatura
del fumo, rifiuti
bruciati nei barili
sul ciglio della strada,
potevamo solo guardare ed essere
guardati, trenta facce
bianche sulla strada
per Nanning.
Perché siamo qui?
Edifici mezzi costruiti
o mezzi demoliti,
mattoni accatastati o
sparpagliati per
il cantiere che percorriamo
cercando di fare e
disfare noi stessi,
di ricostruirci un'immagine
da poter conservare
e dire Ora *vai, sii*

what you are, whole
or halfway born,
kept or cast down
by the gate for your
protection, either way
the mind's child.
Chaos is simply
a pattern too big
to be seen at once, so
we settle on the corners,
the crossings, boundaries
between wall and wall,
curb and street. And
the streets themselves,
populated, alive, carrying
us and carrying on.
At the crossroads we
can turn or not
either way to face
the crossing traffic
all moving at once,
each small part aiming
at its own destination,
knowing the obstacles
and meeting them
midstream, we can
turn or not either
way at the crossroads
meet the movement
that opposes us and
move on toward the

te stesso, non importa
quello che sei,
tenuto o abbattuto
dal cancello per la tua
salvezza, in entrambi i casi
la mente è ingenua.
Il caos è semplicemente
un disegno troppo grande
per essere visto in una volta sola, così
ci sistemiamo agli angoli,
agli incroci, ai confini
tra muro e muro,
marciapiede e strada. E
le stesse strade,
popolate, vive, ci portano
e ci trasportano.
All'incrocio
possiamo svoltare oppure no
in entrambe le direzioni e osservare
il traffico che scorre
muovendosi in concerto,
ogni piccola parte vòlta
alla sua destinazione,
riconoscere gli ostacoli
e affrontarli
a metà strada, possiamo
svoltare oppure no in entrambe
le direzioni all'incrocio
affrontare il movimento
che ci si oppone e
andare avanti verso il

next, the way direction
itself slips and hedges
from its origin.
We can cross or not.
The obstacles are large
but not permanent.
What we have lacked
until now is urgency,
words that really matter
when you know them
the least, as this
child knows first
the language of need,
warmth, food, comfort,
then she knows the words
for desire, knows to
cry, wants to stand,
walk and finally leave,
knows enough to stand
before she wakes,
and cries to the
edges of the room,
away from those who
would call her back
to a place she's
never seen —
she cries for her own
simple presence,
and we let her, just
for a moment, then
our own voices join

prossimo, nel modo in cui il mòto
stesso sfugge e svicola
dalla sua origine.
Possiamo attraversarlo oppure no.
Gli ostacoli sono grandi
ma non permanenti.
Ciò che ci è mancato
finora è l'emergenza,
parole che contano davvero
quando le si conosce
poco, come questa
bambina conosce meglio
il linguaggio del bisogno,
calore, cibo, benessere,
in seguito impara le parole
per il desiderio, impara a
piangere, vuole stare in piedi,
camminare e alla fine andarsene,
impara abbastanza per stare in piedi
prima di svegliarsi,
e piange ai
lati della stanza,
lontana da quelli che
vorrebbero richiamarla
in un luogo che
non ha mai visto —
piange per la sua stessa
semplice presenza,
e noi glielo lasciamo fare, solo
per un momento, poi
le nostre voci si uniscono

the clamor, our hands
stem the sob.
Between each wave
there's a noiseless
moment before collapse
when the air is drawn
taut against the sand,
then the cascade ensues
and within it a sound
something like the cry
of a child whose gasps
between sobs are the
interstices of being
alive. Listen. We
had sobbed enough,
ready to accept
a set of trials other
than ours alone.
A life is a life:
to mark it as it
careens around this
corner or that is as
good an act as we
can imagine. Stand
beneath that wave
just once, listen
to the rush and push
of the ocean, so much
like the jostle
at street's edge.
Nostalgia for hardship:

alle grida, le nostre mani
arrestano il singhiozzo.
Tra ogni onda
v'è un attimo
di silenzio prima del crollo
quando l'aria è ben
tesa contro la sabbia,
poi sussegue la cascata
e al suo interno un suono,
qualcosa di simile al pianto
di un bambino i cui ansimi
tra i singhiozzi sono gli
intermezzi dell'essere
vivo. Ascolta. Noi
abbiamo singhiozzato abbastanza,
pronti ad accettare
una serie di prove nient'altro
che nostre.
Una vita è una vita:
definirla per come
svolta in questa
o quella direzione è
quanto di meglio
possiamo immaginare. Stare
sotto quell'onda
soltanto una volta, ascoltare
la rincorsa e la spinta
del mare, così
simili all'urto
sul bordo della strada.
Nostalgia del disagio:

jet-lag, bad water,
constant travel,
a new child as much
a stranger to us
as the bus driver.
These days are held
fast in our lives,
as clear as the hours
after death news
or a lover's betrayal.
Now we long for
the exhaustion
of the second day
when all three of us
slept all afternoon,
wrapped in mutual
confusion intersecting
memories, each in another
bed, tossing and
fitful and nearly
content, nearly
distressed at each
other's strangeness.
We rose and ate
together, then slept
again the whole night
dreaming the way
currents eddy about
boulders midstream.
It's impossible
to be like that

jet-lag, acqua cattiva,
viaggio costante,
un nuovo figlio ci
è tanto estraneo
quanto l'autista dell'autobus.
Questi giorni rimangono
fermi nelle nostre vite,
a fuoco come le ore
successive alla notizia di un lutto
o al tradimento di un amante.
Ora aneliamo
allo sfinimento
del secondo giorno
quando tutti e tre
abbiamo dormito l'intero pomeriggio,
avvolti in una reciproca
confusione intersecando
ricordi, ciascuno nel letto
di un altro, girandoci e
rigirandoci e in parte
soddisfatti, in parte
angosciati dalle nostre
reciproche estraneità.
Ci siamo alzati e abbiamo mangiato
insieme, poi abbiamo dormito
ancora per l'intera notte
sognando il modo in cui
le correnti vorticano sulle
rocce frapposte al loro flusso.
È impossibile
rimanere così

too long — we need
the routine of day
and day, meal and meal,
sleep and wake to make
life livable — but
once you've conceded
to the flood around you,
you will never sleep
the same, never.
See how the moon at
certain times of year
in waxing seems able
to hold water in the cup
of the crescent, how
it seems to linger above
the horizon a moment
before slipping below?
Or see the red and
green roofs, and how
they converge before
the sky, or the glass
of this window,
or the sill itself
that supports the whole
spectacle? The moon
in Nanning was found
beside the government gates,
but no one left it there
(the officials said)
it simply slid down
the sky and fell

troppo a lungo – necessitiamo
di una routine giorno
dopo giorno, pasto dopo pasto,
tra sonno e veglia per rendere
la vita vivibile – ma
dopo aver ceduto
al diluvio intorno a sé,
non si dormirà mai più
allo stesso modo, mai.
Vedi come la luna,
quand'è crescente,
sembra poter
contenere l'acqua nella coppa
della sua falce, come
sembra indugiare sulla linea
dell'orizzonte un attimo
prima di scivolarvi sotto?
Oppure vedi i tetti rossi e
verdi, e come
convergono davanti
al cielo, o il vetro
di questa finestra,
o lo stesso davanzale
che supporta l'intero
spettacolo? La luna
a Nanning è stata trovata
accanto ai portoni del governo,
ma nessuno l'ha lasciata lì
(dicono i funzionari)
è semplicemente scivolata
dal cielo e caduta

asleep, and when
it woke we carried
it home, bawling
and fussing and
wanting to eat.
One moon in a
hundred thousand and
a hundred thousand
more left beside this
gate, this doorway,
one small female moon
who would never grow
large enough to carry
enough baskets of
rice to enough
markets enough times
to keep the stars
in motion, to keep
the waves turning,
to keep the country-
side green or burning,
tilled or gleaned.
This life is mist, said Li Po,
but a sack of mist
weighs the same
as a sack of grain,
is enormous, and there's
nothing to stop it,
not in this generation
or the next: the ache
of the thighs after

nel sonno, e quando
si è svegliata l'abbiamo portata
a casa, piagnucolante
e farneticante e
affamata.
Una luna su
centomila e
su centomila e
più lasciata accanto a questo
portone, a quest'entrata,
una piccola femmina di luna
che non potrebbe mai diventare
grande abbastanza per portare
abbastanza cestini
di riso in abbastanza
mercati abbastanza spesso
da mantenere le stelle
in movimento, da mantenere
le onde in rollio,
da mantenere la campagna
verde o riarsa,
arata o spigolata.
Questa vita è foschia, ha detto Li Po,
ma un sacco di foschia
pesa quanto
un sacco di grano,
è enorme, e non c'è
nulla che possa opporglisi,
né in questa generazione
né nella prossima: il dolore
delle cosce dopo

bicycling 60 miles
won't stop it, neither
the pain of the empty
belly, neither the
gunmetal grace of
the troops who stepped
in time along the
street each evening
before dinner, none
of it stops that desire
for the body in
the body. Elements
converge and collide,
the ache in the thighs
spreads to the belly
or the soft spots
between, and in the
midst of that shout
one silence and
the moon emerges,
face wet with
this mother's body's
salt, that father's
blank tears.
What it means to live
is that none of this
is anyone's fault,
and that we should
grieve as well as
sing to the moon,
the bright moon,

aver pedalato per 60 miglia
non si fermerà, né
le fitte nel ventre
vuoto, né la
grazia color bronzo delle
truppe che marciano
a tempo lungo la
strada ogni sera
prima di cena, nessuno
di essi arresta quel desiderio
di sentire il (tuo) corpo nel
(mio) corpo. Elementi
convergono e collidono,
il dolore nella coscia
si diffonde nel ventre
o nei punti molli (che stanno)
nel mezzo, e nel
mezzo di quell'urlo
un silenzio e
spunta la luna,
volto bagnato dal
sale (che stilla) dal corpo di
questa madre, dalle chiare lacrime
di quel padre.
Quel che significa vivere
è che nulla di tutto ciò
è colpa di qualcuno,
e che dovremmo
affliggerci oltre che
cantare alla luna,
la luminosa luna,

the moon small as
the sea and twice
as far from home.
Only once did we see
someone angry: the
bus driver who,
negotiating a small
winding uphill to
the People's Park,
avoiding for a moment
the workers building
a curb to the right,
skidded to a halt,
tossing us from
our seats, and leaning
out the window
scolded the mother
who let her small boy
wander to the road's
edge and drop his
pants to piss. Even
our translator
blushed at the driver's
colloquy, shook her
head, nearly smiled but
stopped, then looked
away to where the
workers laid the stone
curb, each man
shirtless, barefoot
and sweating in

la luna piccina come
il mare e due volte
più lontana da casa.
Solo una volta abbiamo visto
qualcuno arrabbiato:
l'autista dell'autobus che,
superando una piccola
curva in salita verso
il Pepole's Park,
impedendo per un attimo
agli operai di costruire
un cordolo sulla destra,
ha sbandato e s'è arrestato,
facendoci sobbalzare dai
nostri sedili, e, sporgendo la testa
fuori dal finestrino
ha rimbrottato la madre
che ha permesso al suo bambino
di gironzolare sul ciglio della
strada e calarsi i
pantaloni per pisciare. Anche
la nostra interprete,
arrossita per l'eloquio
dell'autista, ha scosso la
testa, ha accennato un sorriso ma
si è fermata, poi ha distolto
lo sguardo dal luogo in cui i
lavoratori posavano la pietra
del cordolo, ogni uomo
a torso nudo, a piedi nudi
e sudato per

the heat of the hard
day to edge the road,
since some industry
is required of everyone.
Often we saw the look
that sees and won't see,
the gaze of the well-
dressed young woman
in the pearl shop who
asked politely for the
American name, then
gave our new daughter
a bracelet of tiny moons,
or the half-hearted
rebuke of the woman at
the airport who insisted
A Chinese baby never
sucks her thumb,
and pulled it out
then caressed that
small chapped cheek
a few moments too
long, or the sighs
of grandparents
who sat in the park
and waved with
rehearsed reserve
as the children
one by one left,
Goodbye moon
goodbye goodbye.

il caldo della dura
giornata sul ciglio della strada,
perchè un po' di lavoro
è ciò che a tutti si richiede.
Più volte abbiamo visto l'occhiata
che vede e finge di non vedere
lo sguardo fisso della giovane
donna ben vestita
nel negozio di perle che
ha chiesto educatamente il
nome americano, poi
ha dato alla nostra nuova figlia
un bracciale di piccole lune,
o il severo
rimprovero della donna
all'aeroporto che insisteva
Una bambina cinese non
si succhia mai il pollice,
gliel'ha ha tirato fuori
e ha accarezzato quella
piccola guancia screpolata
qualche momento di
troppo, o i sospiri
dei nonni
che sedevano al parco
e salutavano con
misurato riserbo
mentre i bambini
uno per uno se ne andavano,
Addio luna
addio addio.

The corner waits
with our waiting.
We can cross or not.
The obstacles are large,
but less than mist,
signs of another language,
another country, another
tipping bicycle stacked
with cages, and birds in
the cages, the bicycle
tipping but not falling,
bright feathers flashing
beside the stop lights
that turn between
red and green in
time to the swaying
bodies at the curb's
edge, wanting to
move on, wanting
to wait the entire
time then merge
into the stream not
knowing what we
will find among
those rushes.

Nanning is a city of about 500,000 located in the Guangxi Zhuang Autonomous
Region in southern China.

L'angolo aspetta
con la nostra attesa.
Possiamo oltrepassarlo oppure no.
Gli ostacoli sono grandi,
ma meno che foschia,
segni di un'altra lingua,
un altro paese, un'altra
bicicletta a penzoloni accatastata
con gabbie, e uccelli nelle
gabbie, la bicicletta
a penzoloni ma non in caduta,
piume sfavillanti scintillano
accanto ai semafori
che oscillano tra il
rosso e il verde, a
tempo coi corpi
vacillanti al margine della
banchina, vogliosi
di andare avanti, ma altrettanto di
aspettare un tempo
interminabile prima di incanalarci
nel flusso, non
sapendo ciò che
troveremo tra
quei giunchi.

Nanning è una città di circa 500.000 abitanti situata nella Regione Autonoma
del Guangxi Zhuang nel sud della Cina.

About the Author

Born and raised in New Jersey, MATTHEW M. CARIELLO currently lives in Ohio and teaches in the English department at the Ohio State University. His poems and haiku have been published in *Poet Lore, Artful Dodge, The Journal of New Jersey Poets, The Evening Street Review, Heron's Nest, White Lotus, Acorn, Riverbed, Bottle Rockets, Simply Haiku,* and *Daily Haiku.* He has also published essays, stories, and reviews in *The Long Story, The Indiana Review, Iron Horse Literary Review, The Cortland Review, Ohioana, The Café Review, Modern Haiku, Frogpond,* and *The Journal.*

About the Translator

AMBRA MEDA received her PhD in Italian Studies and Romance Philology from the University of Parma (Italy), where she taught "Contemporary Italian Literature and Publishing." She teaches at the University of Central Florida. Dr. Meda's publications include monographs (*G.A. Borgese "Pellegrino appassionato," Cronache e racconti di viaggio,* and *Al di là del mito. Scrittori italiani in viaggio negli Stati Uniti*) and re-editions of Borgese's books (*Atlante Americano, Autunno di Costantinopoli,* and *Escursione in terre nuove*).

Autore

Nato e cresciuto nel New Jersey, MATTHEW M. CARIELLO attualmente vive in Ohio e insegna presso il dipartimento di Inglese della Ohio State University. Le sue poesie e i suoi haiku sono stati pubblicati su *Poet Lore, Artful Dodge, The Journal of New Jersey Poets, The Evening Street Review, Heron's Nest, White Lotus, Acorn, Riverbed, Bottle Rockets, Simply Haiku,* e *Daily Haiku.* Ha inoltre pubblicato saggi, racconti e recensioni su *The Long Story, The Indiana Review, Iron Horse Literary Review, The Cortland Review, Ohioana, The Café Review, Modern Haiku, Frogpond,* e *The Journal.*

Traduttrice

AMBRA MEDA conseguì il PhD in Italianistica e Filologia Romanza all'Università di Parma, dove insegnò "Letteratura italiana contemporanea e editoria." Attualmente insegna all'University of Central Florida. Fra le sue pubblicazioni si notino (G.A. Borgese *"Pellegrino appassionato," Cronache e racconti di viaggio,* e *Al di là del mito. Scrittori italiani in viaggio negli Stati Uniti*), e le ristampe dei seguenti libri di Borgese (*Atlante Americano, Autunno di Costantinopoli,* e *Escursione in terre nuove*).

THE BORDIGHERA POETRY PRIZE

Sponsored by
THE SONIA RAIZISS-GIOP CHARITABLE FOUNDATION

LEWIS TURCO, *poet*
JOSEPH ALESSIA, *translator*
A Book of Fears • *Un libro di fobie*
$9.00 paper •$19.95 hardback

JOE SALERNO, *poet*
EMANUEL DI PASQUALE, *translator*
Song of the Tulip Tree
La canzone della magnolia
$14.95 hardback

LUISA ROSSINA VILLANI, *poet*
LUIGI FONTANELLA, *translator*
Running Away from Russia
Fuggendo via dalla Russia
$11.00 paper or hardback

STEPHEN MASSIMILLA, *poet*
LUIGI BONAFFINI, *translator*
Forty Floors from Yesterday
Quaranta piani da ieri
$14.00 paper • $19.00 hardback

JANE TASSI, *poet*
NED CONDINI, *translator*
And Songsongsonglessness
E nonuncantononuncantouncanto
$14.00 paper • $19.00 hardback

GERRY LAFEMINA, *poet*
ELISA BIAGINI, *translator*
The Parakeets of Brooklyn
I parrocchetti di Brooklyn
$14.00 paper • $19.00 hardback

CAROLYN GUINZIO, *poet*
FRANCO NASI, *translator*
West Pullman
$14.00 paper • $19.00 hardback

GRACE CAVALIERI, *poet*
MARIA ENRICO, *translator*
Water on the Sun • *Acqua sul sole*
$14.00 paper • $19.00 hardback

EMILY FERRARA, *poet*
SABINE PASCARELLI, *translator*
The Alchemy of Grief
Alchimia del dolore
$14.00 paper • $19.00 hardback

TONY MAGISTRALE, *poet*
LUIGI BONAFFINI, *translator*
What She Says About Love
Quello che lei dice dell'amore
$10.00 paper • $19.00 hardback

MICHAEL LASORSA STEFFEN, *poet*
PAOLO RUFFILLI, *translator*
Heart Murmur • *Sussurro del cuore*
$10.00 paper • $19.00 hardback

CARLA PANCIERA, *poet*
LUIGI BONAFFINI, *translator*
No Day, No Dusk, No Love
Nessun giorno, nessun crepuscolo,
nessun amore
$10.00 paper • $19.00 hardback

Add $2.00 *shipping and handling*

BORDIGHERA PRESS • PO BOX 1374 • LAFAYETTE, IN 47902
E-MAIL: info@bordigherapress.org

SMALL PRESS DISTRIBUTION • 1341 SEVENTH STREET • BERKELEY, CA 94710–1403
TEL: 800.869.7553 • VISA AND MASTERCARD ACCEPTED

THE BORDIGHERA POETRY PRIZE

Announcing an Annual Book Publication Poetry Prize

Sponsored by
THE SONIA RAIZISS-GIOP CHARITABLE FOUNDATION
Offering a $2,000 Prize to an
American Poet of Italian Descent

GUIDELINES FOR COMPETITION

• *The prize, consisting of book publication in bilingual edition by Bordighera, Inc., is dedicated to finding the best manuscripts of poetry in English by an American poet of Italian descent, to be translated upon selection by the judges into quality translations of modern Italian for the benefit of American poets of Italian ancestry and the preservation of the Italian language. Each winning manuscript will be awarded a cash prize of $1,000 to the winning poet and $1,000 for a commissioned translator.* The poet must be a US citizen, but the translator may be an Italian native speaker, not necessarily a US citizen. The poet may translate his/ her own work if bilingually qualified. *Submission may be made in English only or bilingually.*

• The poet must submit **TWO** *copies of 10 sample pages of poetry in English on any theme.* Quality poetry in any style is sought. Universal themes are welcome. The final book manuscript length should not exceed 48 pages since, including the translations, the published, bilingual book will be 96 pages in length. To give the translator time to complete the work, the entire winning manuscript will not be due for at least 6 months after selection of the winner.

• The 10 sample pages of poems in English IN DUPLICATE should be on white 8 1/2 by 11 standard paper, clearly typed and photocopied. (Singlespaced except between stanzas with no more than one poem to a page, though a poem may run on to more than one page.) Be sure to label all pages with titles of poems and number them from 1 to 10. *The applicant's name should NOT appear on any poetry pages.* Staple the pages securely together and *attach a cover page to each of the two copies with name, address, telephone, e-mail if applicable, and brief biographical note of the author. The remainder of the manuscript should be anonymous.* Poems contained in the submission may have appeared in literary magazines, journals, anthologies, or chapbooks. Include an acknowledgments page if applicable.

THE BORDIGHERA POETRY PRIZE

GUIDELINES FOR COMPETITION
(continued)

• *If poems have already been translated into modern Italian, submission of a bilingual sample is encouraged* making a 20 page sample with a translation page following each English page. Include name and biographical note of translator on the cover pages.

• *Manuscripts will be judged anonymously.* The distinguished judge for the 2011 and 2012 awards is **Paul Mariani.**

• Applicants should retain copies of their submission, which will not be returned.

• *Submissions must be postmarked by May 31st each year.* **Mail to:**

Daniela Gioseffi, Founding Coordinator, Poetry Prize
Alfredo de Palchi, Support Trustee, Sonia Raiziss-Giop Foundation
Bordighera Press, Inc.
c/o John D. Calandra Italian American Institute
25 W. 43rd Street, 17th Floor
New York, NY 10036

• Include a *self-addressed stamped business-sized envelope* for notification of the winners.

• For acknowledgment of receipt, send a *self-addressed postcard.*

• The decision of the judges will be final. Winners will be announced by November each year.

• Bordighera, Inc. and the judges reserve the right not to award a prize within a given year if no manuscripts are found to be eligible for publication.

• The author and translator will share in the royalties in the usual amount of a standard book contract to be drawn between Bordighera, Inc. and the author and translator.

www.ingramcontent.com/pod-product-compliance
Lightning Source LLC
Chambersburg PA
CBHW060812050426
42449CB00008B/1636